ESTRATEGIAS DE FOREX PROBADAS

Aprenda Estrategias de Forex Trading Basadas en Modelos Reales

Wayne Walker

Este libro ha sido escrito para proveer información que sea lo más exacta y fiable possible. Consulte a profesionales en lo necesario ántes de emprender cualquier acción aquí respaldada.

Esta declaración es considerada justa y válida tanto por el American Bar Association como por el Committee of Publishers Association y es legalmente vinculante en todo Estados Unidos.

Además, la transmisión, duplicación o reproducción de cualquiera de los siguientes trabajos, incluida la información precisa, se considerará un acto ilegal, independientemente de si se realiza de forma electrónica o impresa. La legalidad se extiende a la creación de una copia secundaria o terciaria del trabajo o una copia grabada y solo se permite con el consentimiento expreso por escrito del Editor. Todos los derechos adicionales están reservados.

La información en las siguientes páginas se considera en general como una descripción verídica y precisa de los hechos, y como tal, cualquier falta de atención, uso o uso indebido de la información en cuestión por el lector representará cualquier acción resultante exclusivamente bajo su responsabilidad. No hay escenarios en los que el editor o el autor original de este trabajo puedan ser considerados responsables de cualquier dificultad o daño que pueda sufrir después de proceder con la información aquí descrita.

CONTENIDO

Advertencia

El asesoramiento y las estrategias contenidas en éste libro están basadas tanto en mi propia experiencia en trading como en opiniones personales y pueden no ser las apropiadas para usted y su situación. Ni el editor ni yo aceptaremos ninguna responsabilidad por ninguna pérdida ni daño consecuentes por la aplicación de cualquier contenido incluido en este manual.

INTRODUCCIÓN

En lugar de tener que gastarse grandes cantidades de dinero o tener que estudiar libros de 300 páginas, se pueden aprender los principios fundamentales del trading en mucho menos tiempo. Esto no lo presento aquí simplemente poniendo algunas soluciones 'rapidas' sin más. Esta guía contiene las técnicas fundamentales que utilizan los traders profesionales y de éxito. Además, todos estos conceptos han sido probados y respaldados con testimonios de los alumnos que han asistido a mis cursos.

Mi empresa de formación entrega un Diploma de Trading basado en estas técnicas que también han sido incorporadas por varias universidades.

¿QUÉ ES EL FOREX?

En este capítulo vamos a examinar el mercado de divisas, los participantes, lo que hace que el mercado se mueva y por qué debería de operarlo.

Entonces, ¿qué es el Forex (Foreign Exchange) o FX como también se denomina? Es el mercado más líquido del mundo. El volumen medio diario es de más 3 billones de dólares. Es un gran número y para ponerlo en perspectiva, sepa que un día de FX puede equipararse aproximadamente a entre dos y tres meses de volumen de operaciones en la Bolsa de Nueva York. Esto es muy importante ya que significa mucha liquidez y que mucha gente está involucrada.

FX es negociado OTC (Over The Counter – Mercado extrabursátil), es decir, sin ningún órgano regulador central, al contrario de los mercados de capitales o de materias primas donde sí hay mercados centrales en donde los compradores y los vendedores se encuentran. Con FX, es sólo entre usted y su broker/dealer.

Está abierto para el trading las 24 horas durante 5 días de la semana, desde el lunes a las 05:00 en Sydney hasta el viernes a las 17:00 en Nueva York. Un amplio horario para un acceso permanente al trading.

Centros y Participantes

¿Quiénes son las personas que están participando en éste fenómeno del FX?

Primero vamos a echar un vistazo a los centros de FX. Los principales centros son el Reino Unido, Estados Unidos y Japón. Juntos son los responsables de la mayor parte del volumen. Australia, Singapur y

Suiza son también partes importantes en el mercado, pero los jugadores principales son los primeros mencionados.

Bancos e Instituciones Financieras

Son principalmente los grandes bancos e instituciones financieras los que representan aproximadamente el 50% de las transacciones. El trading se efectúa electrónicamente entre ellos.

Los bancos centrales están igualmente involucrados y su papel es intervenir en un intento de influir en el valor de sus monedas.

Analicemos esto más de cerca. El probablemente más famoso de todos los bancos centrales, la Reserva Federal de los EE.UU., junto con el también conocido Banco de Japón, son en muchas ocasiones bien conocidos por ser participantes activos en el mercado en un intento de influir en la fortaleza o debilidad de sus monedas. Un trader de FX debe ser consciente de las funciones que desempeñan estos bancos.

Participantes Adicionales

Actualmente existen fondos de cobertura (o hedge funds) de FX. Si hace años ésto se hubiera mencionado, la mayoría de la gente no sabría ni de lo que se estaba hablando ya que por aquel entonces no existían. Hoy existen fondos que operan tanto con una única moneda en particular como con distintas opciones. Para aquellos que tengan algún interés en particular, sepan que estos fondos están disponibles.

Otros participantes son los brokers, tanto físicos como electrónicos, que sirven como intermediarios entre bancos y dealers. Los bancos y los dealers a su vez también acuden a ellos para obtener ayuda en la búsqueda de las mejores ofertas. Los días de los brokers físicos están contados, ya que en la actualidad la mayoría de la actividad es electrónica y hoy muchas empresas ya ni siquiera tienen una mesa de negociación (Dealing Desk).

Las empresas también participan, en especial las multinacionales, que tienen un riesgo de cambio que necesita ser cubierto, pero también participan para su propia especulación. Muchas corporaciones internacionales tienen sus propias mesas de negociación que utilizan para el prop o proprietary trading.

Un ejemplo de cobertura o hedging podría ser una empresa estadounidense que compra bienes de Japón y recibe una factura en Yenes. Para protegerse contra una pérdida potencial, donde la cantidad adeudada podría aumentar en USD debido a las fluctuaciones en la moneda, abren una posición en el mercado.

Como nota sobre el hedging, lo que estamos analizando es eliminar el riesgo de mantener un activo en particular. El objetivo principal aquí no es necesariamente obtener beneficios. Por ejemplo, en el mercado de futuros podríamos tener un agricultor de trigo que es lo que llamamos trigo en largo. Tiene miedo de una caída en los precios, por lo que vende contratos de futuros de trigo para ser cubiertos en caso de una caída. Si los precios caen, compensaría la pérdida en el lado negativo. No obtiene ganancias, pero elimina el riesgo de retener el trigo.

Motivos Privados

Para la mayoría de nosotros, los viajes internacionales son una actividad normal, por lo tanto, la mayoría de la gente necesitará la moneda de su destino.

Nuestras compras en el extranjero son otro factor. Si usted está en Nueva York y está buscando comprar un par de zapatos en Londres por internet, normalmente no se aceptará USD, por lo que la cantidad tendrá que convertirse a libras esterlinas.

También tenemos la especulación y esto es lo que ha sido uno de los principales impulsores en convertir FX en un mercado muy activo en los últimos años, donde la gente compra y vende sólo con fines especulativos.

¿Qué mueve FX?

¿Qué sucede en el mercado? ¿Por qué se mueve? Pueden ser varios motivos, como rumores o una intervención del gobierno como sería si, por ejemplo, el Banco de Japón entrara en el mercado en un intento de reforzar el yen para evitar que se deprecie. Algunos traders podrían tomar esto como una señal para ponerse en largo (comprando) en Yenes y en corto (vendiendo) en los otros cruces frente al Yen.

Datos

El informe Non-Farm Payroll (NFP, Nóminas No Agrícolas que se publican por la agencia de empleo en EE.UU.) es una de las principales publicaciones. Además, cualquier decisión sobre los tipos de interés ya sea desde la Reserva Federal, el Banco de Inglaterra, el BCE, el Banco de Japón, etc. provocan movimientos amplios en el mercado.

Las guerras y los actos terroristas, ya se trate de acontecimientos en el Oriente Medio o en otros puntos estratégicos en el mundo, pueden afectar al mercado y, en algunos casos, de forma muy drástica.

Los bancos centrales, tal y como ya hemos mencionado, pueden en ocasiones depreciar una moneda con su intervención. Por ejemplo, los gobernadores de los bancos pueden influir sin tener que entrar en el mercado con una intervención directa. Un ejemplo de un caso así podría ser que un gobernador de un banco central comparta una observación en una rueda de prensa diciendo "Creo que la moneda está sobrevalorada y es posible que tengamos que hacer algo al respecto" o en otros casos podría decir "la fortaleza de la moneda nos preocupa y afecta nuestra competitividad." Dependiendo de quién lo diga, los resultados pueden ser dramáticos aunque, en algunos casos, podría tratarse de un simple malentendido de lo que la persona estaba tratando de comunicar.

Otros Eventos

Algunos acontecimientos políticos y elecciones pueden tener también gran influencia. Si alguien que tuviera unos planes más agresivos para su moneda fuera elegido, podría ser tomado como una señal de que la moneda se va a revalorizar.

Los niveles técnicos son también importantes en algunas divisas, especialmente con los números redondos que a los traders tanto nos gusta. Un ejemplo podría ser un par de divisas que se negocia a 1.3995 y nunca ha pasado de 1.4000 pero comienza a acercarse cada vez más a los 1.4000. Este nivel de 1.4000 puede ser visto como una barrera psicológica y va a ser observado muy de cerca y si se sobrepasa, nos encontraremos con lo que se denomina una rotura o breakout a la alza.

Utilizando el mismo ejemplo, si el par de divisas se cotiza en 1.3995 y sobrepasa 1.4000, es posible que observe que el precio se dispara hasta 1.4095 para luego caer otra vez hasta 1.3995. Entonces ocurriría lo que se denomina una falsa ruptura al caer el precio de nuevo a la zona de rango, aunque existe la posibilidad de que la ruptura sea real y permanecer en el nivel 1.4095.

¿Por qué querría operar FX?

Usted podría estar pensando que toda esta información es muy interesante pero, pero aún podría estar preguntándose: ¿por qué querría yo comenzar con FX trading? Existen varias razones:

Liquidez

La primera razón es la liquidez, que no es equiparable a ninguna otra opción del mercado. Como ya hemos mencionado al principio, un solo día de FX es el volumen de dos a tres meses en la Bolsa de Nueva York. Esta es una razón muy poderosa.

24 horas de trading

Se puede operar las 24 horas, día y noche. No existe ninguna otra opción que ofrezca este tipo de flexibilidad. Para la mayoría de los traders, que frecuentemente son también propietarios de negocios o tienen trabajos de jornada completa, o en muchos casos estudiantes universitarios, esto es una gran ventaja.

Opción en largo o en corto

FX ofrece la opción de ir en largo (long) o en corto (short) y esta característica es muy importante. Tradicionalmente, la mayoría de las personas están acostumbradas a ir en largo comprando una acción y luego esperar a que aumente de valor. FX le da la opción de ir en corto, que es una manera diferente de mirar el mercado pero puede ser lucrativa. Para los traders inteligentes, es una herramienta para poder sacar provecho del mercado.

Correlación con otras clases de activos

Baja correlación con otras clases de activos, lo cual es importante para aquellos que están tratando de diversificar su cartera. Cuando ocurre una turbulencia en el mercado, ya sea en materias primas o en acciones, el Forex se destaca. Las acciones pueden hundirse o los precios de las materias primas explotan, pero el Forex es Forex y se mueve por otras fuerzas. Sabemos que FX no debería representar el 80% de su cartera, pero sí que tener cierta exposición es algo prudente.

Conceptos básicos de FX

No intento convertirle en un super trader de la noche a la mañana, pero el tener una comprensión de estos términos le facilitará la comunicación dentro de la comunidad FX y con su bróker.

Su **divisa base** (base currency) es su exposición en el mercado, y la **divisa cotizada** (variable currency) se utiliza para calcular su ganancia o pérdida (G/P). Tomando como ejemplo EURUSD, el EUR es su divisa base. Su exposición y su cálculo de margen se hará en euros. La ganancia y la pérdida se hará en USD.

Dependiendo de la divisa base de su cuenta, su G/P se calculará de nuevo, por lo que para este mismo ejemplo (EURUSD) si tuviera Sterling (GBP) como su divisa base, entonces la ganancia y pérdida de dólares estadounidenses se convertiría a su base (GBP).

Continuando con los conceptos básicos, si tenemos EURUSD en 1.5800, significa que 1 Euro equivale a 1,58 dólares, que significa que el Euro está más fuerte que el dólar americano.

El Spread

Es un término muy utilizado entre los traders. El spread es la diferencia entre el bid y el ask. Si en el bid el precio de venta es 1.5800 y el precio en ask de compra es 1,5802, tenemos una diferencia de 2 pips. Diremos entonces que el spread es de 2 pips.

Largo, corto y equilibrio

Largo

Estás comprando.

Corto

Estás vendiendo.

Ejemplos

Si usted se coloca en largo EURUSD (o largo Euro Dólar como se diría), entonces usted va en largo Euro y ha vendido o ido en corto USD. Si se pone en corto Euro Dólar, está en corto euros y en largo dólares.

Equilibrio

Usted está en posición neutral. En términos más claros, para equilibrar una posición en largo de 500.000 EURUSD usted necesitará ir en corto 500.000 EURUSD para neutralizar su exposición de mercado.

Argot del trader

He querido incluir más vocabulario para aquellos que vayan a hacer trading regularmente:

En primer lugar está el **cable (GBPUSD),** un término que oirá repetidamente y es la libra esterlina contra el dólar estadounidense.

Swissie es el Franco Suizo (CHF)

Aussie es el Dólar Australiano (AUD)

Kiwi es el Dólar Neozelandés (NZD)

Loonie es el Dólar Canadiense (CAD)

La figura (the figure)

Es el 00 al final de un número. A veces, mientras se está en el trading, podría oir a un dealer decir el Euro Dólar está en "1,33 y figura", que significa 1,3300.

Cierre forzado (stop out)

Todas sus posiciones han sido cerradas y sepa que va a ser algo que a usted nunca le gustará oir.

OCO

Orden OCO (una cancela a la otra) es cuando tiene una orden de límite y una de stop conectadas, al ejecutarse una se cancela la otra.

Orden Completada

Ahora tiene la posición. Por ejemplo, usted tiene una orden de 3 pasos que contiene el nivel de precio donde deseará entrar en el mercado, una vez que se alcanza ese nivel la orden estará completada.

Un **cuarto** es 250.000

Un **medio** es 500.000

Uno es un millón

Como ya he mencionado, conocer estos términos le facilitará hablar con los dealers o con su bróker. Para los que estén considerando entrar en el mundo del trading profesionalmente, entonces definitivamente deberán de familiarizarse con estos términos.

Cálculos en el FX trading

Mucha gente opera con FX, pero la mayoría no tiene una buena comprensión de lo que está pasando por detrás. Antes de comenzar con FX trading es importante ser conscientes de componentes como el margen, el cálculo de G/P y el principio del rollover. Repasemos estos puntos:

Conocimiento del requerimiento de margen

En la mayoría de las casas de cambio de FX, los traders están operando con margen y no están operando FX al contado. El FX al contado significa que 1 dólar equivale a 1 dólar en valor. En el trading con margen, se puede abrir una posición de 1 millón de EURUSD, con el requerimiento de margen de un 1%, es decir, de 10.000 euros. Otro ejemplo, una cuenta con un saldo de 10.000 y con una posición de 100.000 necesitaría 1.000 euros para mantener la posición abierta.

Ganancias y pérdidas en pips

El pip es la medida más pequeña de la fluctuación de un precio. Si utilizamos EURUSD como ejemplo, 1.5280 a 1.5281 es un movimiento de un pip. Si tenemos USDCAD 0.9955 y se mueve a 0.9956 también es un movimiento de un pip.

Veamos un ejemplo de ganancias y pérdidas en pips: compra 100.000 EURUSD a 1.5100 retira ganancias en 1.5160, 60 pips. Tiene un stop de pérdidas en 1.5070, 30 pips, esto está ajustado así desde su posición de entrada.

En términos pip, tenemos aquí lo que se llama un ratio de 2 a 1, cuando está en largo EURUSD a 1.5100, obtiene ganancias en 1.5160 y un stop de pérdida en 1.5070.

Valor del pip

Hay varias formas de calcular el valor del pip, pero como esta guía está basada en la realidad, usaremos la más sencilla. Utilicemos el ejemplo EURUSD, que se cotiza con 4 decimales, ej. 1.5100, y un valor nominal (volumen de la operación) de 100.000.

Primero, cuente la cantidad de decimales que tiene, que en este ejemplo es 4. Empezando por la derecha, quite 4 cifras del valor nominal (100,000) y obtendrá el valor de cada pip. Al quitar 4 ceros, nos muestra que cada pip es 10 dólares. Recuerde que, como ya hemos visto anteriormente, la divisa contraparte USD es la utilizada para calcular sus ganancias y pérdidas.

Avanzando más, un beneficio de 60 pip (60 x 10 USD) le da 600 USD, o si tiene una pérdida de 30 pip (30 x 10) es de 300 USD. Cuando está utilizando un ratio de trading en su estrategia, debe de ser ajustado para que la oportunidad de obtener beneficio sea mayor que la probabilidad de una pérdida.

Rollovers

Los rollovers (renovación de la posición) han dado muchos dolores de cabeza a los traders durante años, pero en realidad no es un concepto complicado. Mucha gente omite el rollover en los materiales de entrenamiento, pero nosotros lo abordaremos aquí.

Si usted tiene una posición larga EURUSD, usted va en largo Euro y en corto USD. Usted está manteniendo euros y ganará interés con ellos. Usted también está pidiendo prestado o va en corto USD, por lo tanto paga intereses sobre lo que pide prestado. La diferencia de intereses será positiva o negativa y ese resultado será su swap (intercambio).

Al contrario, si usted tiene una posición en corto EURUSD, usted va en corto euros y en largo USD. En este caso, usted está pidiendo prestado euros y manteniendo dólares. La diferencia de intereses será positiva o negativa y será el swap.

INVERSIÓN
DE CAPITAL

Vamos a echar un vistazo a cómo se opera en el mercado de capitales y revisaremos las cosas que creo que son importantes cuando se invierte en capital.

Dividendos

Los dividendos son un buen concepto para comenzar. Un dividendo es tanto un ingreso para el accionista como un aumento del valor de la acción.

Las compañías que ofrecen dividendos son normalmente las conocidas como 'Blue Chips'. Cuando se miran los componentes que se buscan en la inversión en acciones, éste es uno de ellos. Recuerde que ésto es aplicable en la inversion y no en el trading.

Tradicionalmente, las empresas que ofrecen dividendos suelen estar bien administradas. Si no fuera así, no tendrían con qué distribuir dividendos. Esto las convierte en una buena alternativa a los bonos para el inversor de bajo riesgo.

Niveles de Deuda

La deuda es otro de los factores a tener en cuenta para decidir en invertir en una empresa. Debería de buscarse lo que se llama una relación baja entre el activo circulante y el pasivo circulante. Normalmente un ratio en una franja entre 1 a 3 es recomendable.

Sin embargo, en algunos casos, demasiado dinero en efectivo puede ser negativo. Podría ser una señal de varias situaciones, por ejemplo, que no estén invirtiendo lo suficiente en el futuro, es decir, no existen planes de desarrollo. El exceso de efectivo también podría significar que no están buscando hacer compras estratégicas. Muchos opinan que es una señal de que no hay suficiente pensamiento proactivo por parte del liderazgo de la compañía.

Tenga siempre en cuenta que el ratio es relativo al sector en que se está investigando, por ejemplo, las empresas en el sector de la tecnología tienen ratios de deuda varias veces superiores.

Ratio Precio/Beneficio o PER

Significa lo que vale una empresa en un mercado en relación a los ingresos de sus productos y servicios.

Este es el método más común para valorar acciones y ver si tienen un precio adecuado. Este término lo escuchará repetidamente y por eso es importante que el concepto se entienda bien. Utilizando un ejemplo simple, si una empresa tiene acciones que se valoran a 50 millones y los beneficios son 5 millones, el PER es 10. Al igual que ya se mencionó con la relación entre los activos circulante y fijo, este ratio es relativo al sector que se está investigando.

Negociación de títulos por parte de los directivos

Los administradores y directivos tienen la obligación de declarar cuándo negocian acciones de sus compañías. Por lo general, ellos suelen ser los que más informados están sobre la marcha de la empresa, lo cual podría ser indicativo de algún evento futuro, pero trate de mantener una mente abierta.

Algunas personas podrían afirmar que los directivos están vendiendo porque está ocurriendo algo negativo en la empresa, o están comprando porque saben de algo positivo. Es un indicador, pero no es un 100% absoluto ya que podría tratarse de algo tan simple como que necesiten flujo de dinero. O es posible que deseen invertir en otras áreas o que están demasiado expuestos en esa empresa en particular y la necesitan reducir. También podría deberse a razones tan dispares como un divorcio, por lo que no siempre es una señal clara de que algo drástico está sucediendo.

Liquidez y Volumen

La liquidez, tal como se ha tratado en la sección de divisas, es igual de importante en la inversión de capital. Yo diría que aún más importante en la inversión, ya que en FX usted tiene 24h de oportunidad para entrar o salir de las posiciones. Con las acciones físicas, en su mayor parte, los mercados sólo están abiertos entre las 9am y 5pm dependiendo del país.

La liquidez y el volumen son importantes para poder retirar los beneficios con facilidad. Es excelente poder mirar los beneficios sobre el papel, pero si usted no va a poder retirarlos, entonces ya no estará tan beneficiado como creía. Si por el contrario se está enfrentando una pérdida, entonces puede pasar de un escenario triste a una pesadilla cuando está viendo la pérdida aumentar sin ser capaz de salir de ella, por lo tanto, tener liquidez es crucial en el proceso.

Active su radar con el OTCBB o los Pink Sheets:

Éstas son acciones de baja de la liquidez que se negocian en mercados extrabursátiles, tenga cuidado. Estas acciones <u>no</u> suelen están sometidas a la misma exigencia de auditoría como las acciones en las Bolsas principales. Si a esto además le añadimos la baja liquidez, se convierte entonces en una receta perfecta para noches de insomnio.

Rendimiento

¿Cuál es el rendimiento de sus acciones favoritas en relación a otras? Como mínimo querrá que sea idéntico, a no ser que haya alguna razón en especial para que tengan un bajo rendimiento.

Rendimiento en múltiples time frames

Si usted es un inversor a largo plazo, perseguir al ganador de la semana no es por lo general una estrategia seria de inversión. Por lo tanto, elija las acciones cuyo rendimiento se pueda reflejar lo más posible en el horizonte temporal de su estrategia de inversión.

ORDENES DE 3 PASOS

Los componentes de una orden de 3 pasos

D espués de haber satisfecho las condiciones de entrada, su orden inicial sería su <u>orden de entrada</u> (entry order), también llamada orden primaria, que es la orden utilizada para entrar en el trading.

El siguiente paso es la <u>orden límite (limit order)</u> u orden take profit, o como también me gusta decir, la orden más emocionante, ya que aquí es donde se retiran las ganancias fuera del mercado.

Por último, tenemos la <u>orden de stop de pérdidas (stop loss order)</u> que se utiliza para limitar las pérdidas. La regla de oro de los traders dice "sin dinero no hay trading", la orden de stop loss es muy importante.

¿Cuáles son las ventajas de los 3 pasos?

Trading a distancia

Las órdenes de 3 pasos le permiten operar a distancia. Esta es una gran ventaja para mucha gente, ya que la mayoría de nosotros estamos trabajando o llevando un negocio y no tenemos tiempo para estar sentados delante de una pantalla y seguir los trades minuto a minuto. Con las órdenes de 3 pasos, usted puede estar activo en los mercados sin tener que estar atado a su escritorio o a los boletines informativos cada segundo del día.

Disciplina

Proporciona disciplina a su trading ya que los parámetros se van a definir ántes de entrar en la operación y este punto es tan importante que lo volveremos a revisar. Una diferencia clave entre los que operan con beneficios y los que están perdiendo, es tener los parámetros bien establecidos antes de la operación.

Los traders profesionales o institucionales, aquellos cuya profesión es el trading, utilizan variaciones de estos 3 pasos. Dónde se va a retirar beneficios y dónde se va a cortar pérdidas para preservar el dinero se define siempre antes de entrar en la operación.

Minimice la emoción en el trading

Cuando los parámetros están predefinidos, no queda lugar para que ustéd interfiera y comience a reajustar todo en medio del trading. Esto es crucial.

Ratio trading

Ratio trading es el ratio riesgo beneficio y se compone de su nivel de entrada y su objetivo de stop de pérdidas y take profit. El ratio trading también se refiere a un ratio ganancia/pérdida de 2 a 1, 3 a 1, etc

Comencemos con un trading hipotético. Ustéd tiene un precio de entrada comprando EURODOLLAR a 1.5550, tiene un stop loss en 1.5525 que son 25 pips por debajo, además tiene un profit target en 1.5600, esto son 50 pips. Esta combinación le da una proporción de 2 a 1.

Mirando a la orden de 3 pasos con una ratio de 3 a 1, usted compra EURUSD en 1.5550, stop loss 1.5525, 25 pips, y aquí tendremos un objetivo de beneficio 1.5625. El riesgo beneficio es de 3 a 1.

Soportes y Resistencias

Con los niveles de soporte y de resistencia, llegamos a los fundamentos del análisis técnico. La intención aquí no es dedicar un capítulo completo al análisis técnico, si no poder proveerle de un Análisis Técnico Práctico de lo que usted necesita saber para colocar los trades y, con suerte, obtener un beneficio.

Nivel de soporte

El nivel de soporte es el precio en el que, históricamente, el instrumento que se negocia ha tenido dificultades para caer por debajo. También se llama suelo. Lo que es importante recordar es que el nivel de soporte cambia dependiendo de su período de tiempo o time frame. El nivel de soporte que ve en un gráfico de una hora será diferente del que se muestra en un día o una semana. Por lo tanto, utilice un nivel de soporte y resistencia que se ajuste a su time frame.

Nivel de Resistencia

El nivel de resistencia es el nivel de precios en el que, históricamente, la divisa o el instrumento que está negociando ha tenido dificultades en sobrepasar.

El gráfico del time frame debe coincidir con el horizonte planeado para sus operaciones. Una resistencia de una hora es totalmente diferente a la resistencia de una semana o un mes. Al igual que con el nivel de soporte, los parámetros deben coincidir.

Para aquellos que quieran explorar más en profundidad el análisis técnico, cuento con más recursos que les puedo ofrecer.

PONIÉNDOLO TODO JUNTO

En esta sección vamos a conectar los diferentes aspectos del sistema de trading que todos los traders deberían tener.

Plataforma de trading

En primer lugar, la selección de la plataforma de trading es obviamente importante porque la plataforma es el vehículo que va a utilizar para operar. La mayoría de nosotros opera online y es fundamental que usted esté utilizando una plataforma que coincida con su estilo. Puede ser una que ofrezca alta tecnología o una más básica. También debería de saber quién es el proveedor detrás de la plataforma. En una sección posterior examinaremos más a fondo el proceso de selección de este socio de trading.

Objetivos

Sin objetivos es realmente difícil comenzar a operar. Recuerdo una analogía que he escuchado hace tiempo y que me gusta utilizar porque explica este concepto perfectamente. Y dice que, si por ejemplo, nos acercamos a un mostrador de billetes de avión y decimos "¡deme un billete!" Lógicamente la respuesta sería "pero un billete para ¿dónde?"

Los objetivos a corto plazo pueden ser metas de beneficios tanto diarios como semanales, son individuales para cada uno. Los objetivos deben coincidir con su estilo y con la cantidad de capital de riesgo disponible para el trading.

Los objetivos a largo plazo están a menudo relacionados con su estrategia de inversión. A su vez van a estar también relacionados con sus objetivos a corto plazo porque las metas a largo plazo deben basarse en los objetivos definidos para beneficios a corto plazo. Debe de existir una concordancia porque si usted tiene un objetivo semanal de 100 dólares y un objetivo mensual de 1.000, entonces hay una discrepancia que debe ser ajustada.

Por último, debe de tener un plan de trading, porque sin uno se podría encontrar en una situación potencial de enormes pérdidas. Sin un plan definido no tendrá ningún sentido entrar en el trading.

Preparación Mental

Usted necesita estar psicológicamente preparado para iniciarse en el trading. Si está a punto de operar, pero está tenso o nervioso, entonces necesita tomarse un momento. Puede ir a meditar, a hacer algo de ejercicio o hacer cualquier otra cosa, pero es importante que no opere hasta que esté mentalmente preparado.

En el trading se debe de tener muy claro el no tomarse las cosas a nivel personal. Eliminar las emociones en el trading no significa que es usted contra el mundo. El objetivo es símplemente ganar dinero.

Conozca su tolerancia al riesgo

¿Cuánto está dispuesto a arriesgar en cada operación? Es importante y recuerde la regla de oro número uno, "sin dinero no hay trading." No importa lo que le hayan contado, si no hay dinero, no hay trading y debe de tomárselo en serio.

Esto se relaciona con la tolerancia al riesgo de la siguiente manera explicada con un ejemplo, imagine que tuviera un saldo en efectivo de 10.000 USD y desea arriesgar el 1%, es decir, la cantidad de 100 dólares.   Esto significa que, de su capital de riesgo, independientemente de lo que esté operando, se va a colocar un stop loss que no debe de exceder de 100 USD.

Haga su diligencia debida

Es un nuevo día y su ordenador ya está encendido, ¿qué pasó durante la noche? ¿Qué pasó con el Nikkei? Un trader debe de saber siempre lo que está pasando en los mercados.

Por ejemplo, si usted opera en los mercados asiáticos, pero vive en Europa o en el Caribe, debe de estar al tanto de las noticias que salieron durante la noche y, lo que es más importante, cómo los mercados reaccionaron. A veces, con lo que en teoría debería de ser una buena noticia, los mercados reaccionan negativamente.

Otro ejemplo, los traders saben que si el Nikkei abre en negativo, es muy posible que los mercados de Europa y Estados Unidos también abran en negativo.

¿Qué se va a publicar hoy? Si se trata de un informe que puede mover los mercados como el informe Non-Farm Payroll (NFP, Nóminas No Agrícolas), el IPC (Indice de Precios al Consumo), etc., entonces necesitará revisar sus posiciones, especialmente si está operando FX que es muy sensible.

Cómo seleccionar el nivel de entrada

Conocer sus puntos de entrada significa que tiene una buena razón para cada trading que ejecuta. Si no tiene una buena razón, va a ser mejor que retire los fondos y los done a una organización benéfica. Tiene que saber siempre la razón para seleccionar cada trade.

Al seleccionar su nivel de entrada, necesita un buen ratio riesgo-beneficio y que coincida con su tolerancia al riesgo.

También debe de tener en cuenta el análisis técnico/fundamental. Los niveles de soporte y resistencia, las ganancias de la empresa, los informes del gobierno, todo ello es esencial antes de colocar cualquier operación. Si usted está haciendo FX trading, debe de saber dónde están las líneas de soporte y resistencia para el período de tiempo que va a estar en el trading.

Conozca sus niveles de salida

¿Cuál es el profit target, cien dólares o sólo unos cuantos? Tiene que ser consciente de esto.

Cuando usted está colocando stops para controlar las pérdidas, lo primero que debe hacer es asegurarse de que están dentro de sus parámetros. Si está operando con un ratio, al fijar la proporción se deberá entonces colocar en un nivel donde tenga un mayor potencial de beneficio que de pérdida.

Lo mismo que con su nivel de entrada, usted deberá conocer el análisis fundamental, los soportes y las resistencias, y otra regla de oro del trader "cortar pérdidas y dejar correr las ganancias". Muchos traders dicen que los beneficios se cuidan solos, pero uno debe de mantenerse atento a las pérdidas.

Mantenga un diario

Puede que no sea un hábito para cualquiera, pero yo lo uso para mantener un registro de mi trading. Incluye varias cosas, entre ellas dónde entré en el trading, mi nivel de salida, y por qué pensé al entrar que esa operación era una buena idea.

Al revisar el diario, si existen patrones comenzará a detectarlos. Puede eliminar un patrón que no funciona o desarrollar otro que sí lo hace. Esto le ayudará a afinar sus operaciones.

Revise sus resultados

Revise sus beneficios o pérdidas durante el día. Es importante porque, aunque el trading pueda ser también por diversión, es un negocio para hacer ganancias. Si durante la revisión de su G/P el resultado no es el esperado, su deber es averiguar por qué.

Usted tiene que saber lo que había detrás de los resultados. Tal vez fue pura suerte, y si ése fue el caso, entonces excelente, pero la suerte normalmente no es una estrategia sostenible en el trading. Yo sugeriría, tal como yo lo hago en mi propio trading, revisar su diario. ¿Fueron las operaciones planeadas correctamente con un informe publicado? ¿O fué el tamaño de la posición? Estos factores pueden influir en los resultados.

El siguiente paso, ¿es usted consciente de los comunicados de prensa del día siguiente? Al observar la información, puede ser entonces proactivo con sus operaciones futuras. Dependiendo de los datos que se están publicando, puede ser que quiera entrar en el mercado lo antes posible.

TÁCTICAS
DE TRADING

Aquí vamos a examinar las principales razones por las que los traders pierden dinero y, lo más importante, vamos a buscar las soluciones.

Expectativas Irreales

Es importante al comenzar en el trading, como con tantas otras cosas, tener una idea realista de lo que está haciendo. Expectativas poco reales pueden verse reflejadas en, por ejemplo, alguien que comienza con lo que a veces se llama una cuenta de mini-trader con 1.000 o quizás 2.000 USD y espera riquezas de la noche a la mañana.

Incluso también he llegado a ver casos donde se comienza con 100 o 200 dólares, que está bastante bien, no hay nada de malo con la cantidad. Pero esos mismos traders con 100 o 200 dólares están esperando tener 1.000 o 2.000 dólares en sus cuentas en unas pocas semanas o incluso en sólo un par de días. Hay empresas que dicen o hasta prometen que pueden hacer esto y, aunque yo no digo que es imposible, sí quiero repetir que es poco realista. Es fundamental que usted tenga sentido de la realidad en su trading.

Ningún Plan

No tener ningún plan sería, como ya hemos mencionado, similar a llegar al mostrador de la línea aérea diciendo "deme un billete", lo cual no tiene mucho sentido. Con la planificación, su trading se va a alinear con los plazos y los resultados que usted espera obtener.

Si a usted le gusta el FX, entonces es una buena idea seguir con FX y construir una base desde ahí para más tarde explorar otros instrumentos. Tal vez incluso comenzar a operar con futuros de FX, ya que una vez que tenga una buena comprensión de FX, entonces podrá comenzar a buscar en otras ramas.

Si está familiarizado con las operaciones con acciones, entonces es posible que quiera explorar CFDs (Contratos por diferencia), que son derivados de acciones y están operados por traders muy activos. Una vez más, todo funciona dependiendo del plan que deberá tener preparado desde el principio.

Demasiado Riesgo

Podría ser una persona tanto con 100 dólares en su cuenta o como con 100.000. No es la cantidad lo que es crítico, sino la cantidad que usted está arriesgando en relación con los fondos disponibles.

Como ejemplo sencillo, si tiene 10.000 USD en su cuenta y está operando una posición de 100.000 EURUSD, cada pip es de 10 dólares. Esto no es mucho, pero suficiente dependiendo de su perfil de riesgo. Si luego cambia a operar una posición de 1.000.000, cada pip tiene entonces un valor de 100 dólares. Si tiene 10.000 USD en su cuenta y va en largo, un movimiento de 10 pip a la baja le deja automáticamente con una pérdida de 1.000 dólares.

Confusión entre trading e inversión

Durante mis años como banquero, he tenido incontables clientes a los que he tenido que repetir una y otra vez que no deben de confundir los dos términos. El trading es para hacer dinero a corto plazo, es una actividad generadora de ingresos. Está entrando y saliendo de las operaciones a diferencia de la inversión, que es más a largo plazo. Podría ser que algunos de sus objetivos de inversión se derivan de su trading, pero no los confunda.

Con instrumentos que se está operando, por ejemplo FX que es activo, no se está invirtiendo sino haciendo trading, y es de esperar la obtención de ingresos. Otro ejemplo serían los CFDs.

Aunque parezca básico para algunos, mi experiencia en asesorar clientes de todo el mundo confirma que todavía existe mucha gente que confunde el trading y la inversión.

Soluciones

Está bien hablar de los problemas y retos, pero obviamente necesitamos soluciones.

Apalancamiento Bajo

Hemos hablado del problema que existe con demasiados riesgos, para ello la solución es utilizar un apalancamiento bajo. Si planea abrir una posición de 100.000 dólares para la cotización EURUSD donde cada pip vale 10 dólares, si no está seguro al 100% de esta operación, es posible que prefiera comenzar con 50.000. Se mantiene el apalancamiento bajo para que tenga tiempo de pensar, reaccionar de manera más eficaz y no estar demasiado sensible a los cambios en el mercado.

Escalado de entrada y de salida

El escalado de entrada y salida es uno de mis favoritos. Yo lo utilizo tanto para invertir como en el trading. En el escalado de entrada y salida, la teoría de fondo es permitir al mercado que nos indique qué dirección tomar, así de simple.

Un ejemplo, planeo comprar 1.000 acciones de GCMS después de haber hecho mi análisis técnico y fundamental. ¿Cómo empezaría? Comenzaría con una posición de 200 o 250 acciones y permitiría al mercado que me confirme si estoy en el camino correcto. Si hubiera comprado acciones GCMS a 100 dólares y de repente saltan a 125 por acción, excelente, el mercado está confirmando que he tomado la decisión correcta. En este caso, si hubiera comenzado con 200 acciones, añadiría entonces otras 200 o 250 y repetiría el proceso hasta llegar a mi objetivo de 1.000 acciones.

Algunos podrían argumentar que perdí un poco en el paso de 100 a 125 y de alguna manera así es, pero también estoy más seguro de mi decisión al ser paciente. Al contrario, volviendo al escalado de salida, digamos que si el mercado se hubiera movido en mi contra, en lugar de inicialmente tener 1.000 acciones con riesgo, habría tenido sido sólo 200. Evidentemente existe una renuncia pero, por experiencia propia, se juega más a favor para aquellos que aplican el escalado de entrada y salida.

Otro ejemplo, digamos que usted compró 200 acciones a 100 dólares cada uno y que el precio cae repentinamente a 90. Lo que yo sugeriría es que en lugar de vender todo inmediatamente, considerara sólo la venta de 50 o 75, ya que la caída podría haberse debido a una sobrerreacción del mercado. Hay varios factores que podrían estar en juego, como por ejemplo, un rumor falso, y de nuevo usted permitiría que el mercado le guíe al camino correcto. Lógicamente, si el precio sigue cayendo entonces vendería más. Otra forma de verlo es utilizando la analogía de conducir por una autopista, si ve una recta larga va a acelerar y si vienen curvas va a reducir la velocidad, esto funciona.

Trading en mercados líquidos

Operar en mercados líquidos es algo que no se puede enfatizar demasiado. Hay gente en el mercado de valores que opera en el OTCBB (Over the Counter Bulletin Board) u otras acciones de escaso volumen de operaciones o en FX divisas exóticas (a menudo de baja liquidez) que está bien siempre y cuando usted es consciente del riesgo. La liquidez es crítica especialmente como trader, un inversor no es tan sensible al tiempo, pero si usted está haciendo trading donde es necesario hacer movimientos bruscos, entonces desea que el mercado sea líquido.

Liquidez, para clarificar, es la capacidad de poder entrar y salir del trading con facilidad. Estar haciendo trading y ver los beneficios sobre el papel es una maravilla, pero cuando es el momento de retirar esos beneficios y no se puede, entonces se convierte en una mala broma que no tiene ninguna gracia, ya que solo se pueden mirar. Por otro lado, si usted está en una pérdida y no puede salir de esa posición, se convierte en una pesadilla. No me importa quién le esté aconsejando, o lo que esté leyendo en algún blog, usted debe de operar en mercados líquidos, no hay otra manera.

Trading basado en noticias

Esto va dirigido para los traders que existen ahí fuera que basan su trading en las noticias y si usted está pensando en hacer intercambio de datos (cuando se publican los datos de los mercados), piénselo dos veces.

Hay diferentes sistemas que utilizan estos traders para intercambiar datos en un intento de ser más listos que los bancos. Lo único que puedo decir es que se trata de una táctica que no recomendaría. En primer lugar, los bancos no son tontos y saben quiénes son sus clientes y, además, tienen departamentos creados para el seguimiento de este tipo de actividades y así asegurarse de que no están siendo engañados.

Si usted quiere intercambiar datos que aún no son publicados, tenga en cuenta que el precio al que su orden se consiguiera completar o ejecutar podría ser muy distinto de lo que usted tenía en mente. Para aquellos que operan con proveedores que garantizan precios, apostaría a que 9,99 de cada 10 tienen alguna cláusula en letra pequeña que establece que la garantía sólo es válida en condiciones normales de mercado. Lo que significa que con los datos el precio que usted está viendo pudiera no ser el que consiga.

La selección de pares de divisas

En FX seleccione unos pares y conózcalos como si fueran un amigo íntimo. Mucha gente comienza FX trading operando pares "mayores", EURUSD, GBPUSD, USDCAD, USDJPY, o AUDUSD como ejemplos. De los mayores, llegue a conocer bien a algunos de ellos ya sea euro/corona sueca EURSEK, para aquellos en el mercado escandinavo o EURJPY para aquellos en el resto de Europa.

Personalmente, yo sólo opero con tres o cuatro en su mayor parte. Después de un tiempo de haber comenzado a operar estos pares, se familiarizará con ellos y obtendrá un sentido más profundo de cómo se mueven.

Otras tácticas

En CFDs o acciones, las mejoras en la calificación de riesgo de las empresas y las alertas de beneficios son buenas oportunidades, ya que significa que los precios tienden a ir en la dirección del anuncio. Así que si anuncian una mejora, la posibilidad es que los precios suban. Y por el contrario, al menos estadísticamente, cuando las empresas alertan sobre el resultado de beneficios, los precios tienden a bajar. Sin embargo, muchas veces al final del trimestre esas mismas empresas mejoraron las estimaciones más bajas que habían anunciado, lo que conduce a un aumento de la cuota. Por eso, para los que sean más valientes, se podría comprar después de la caída inicial de precios después del anuncio. Esta podría ser su boleto de lotería en el trading.

Colocar órdenes estratégicamente

Usted tendrá que conseguir ser el primero en colocar las órdenes, y colocar las ordenes límites antes de que la resistencia sea efectiva porque los niveles de resistencia son ya conocidos por todo el mundo. Usted querrá que se ejecute justo antes de llegar a la resistencia si es un trader técnico. En el soporte, deberá estar un poco por encima o un poco por debajo del nivel de soporte si va en largo, sólo asegúrese de que no es una ruptura falsa a la baja.

Utilizar los Principios del Delta

El Delta trading o los principios del delta trading han existido desde hace muchos años. Todo comenzó con un grupo selecto de personas que se agruparon en lo que llamaron la Sociedad Delta. Todos pusieron mucho dinero para unirse y aprender estos principios, lo que ha hecho que estén envueltos por el misterio.

Los principios fundamentales son que cuando alguien está haciendo trading (no invirtiendo), mire al mercado casi a través de los ojos de un niño. Las acciones que están subiendo continuarán subiendo y por lo tanto las compra. Y las que están bajando continuarán haciéndolo. Nada está sobrecomprado o sobrevendido, simplemente hay que ir con el mercado.

Se necesitarán algunas herramientas para ejecutar la estrategia. En primer lugar, es necesario operar con acciones activas, aquellas que están cotizando en un mercado lateral no pueden ser utilizadas para aplicar esta estrategia. También debe utilizar un filtro de selección de acciones que es una herramienta muy útil y la mayoría son gratis.

Los filtros ayudan a localizar de manera eficiente las acciones que están subiendo y las que están bajando. Con la experiencia he observado que lo funciona mejor cuando se usan filtros es encontrar a las mejores a través de los diferentes time frames.

Un ejemplo sería primero seleccionar las mejores durante tres meses. Luego se filtra más en detalle para encontrar las mejores durante un mes, y finalmente ver las mejores de una semana. Este proceso de filtrado le permitirá ver qué acciones se están destacando regularmente en los diferentes time frames. Estas son las acciones que la gente va a querer. Armado con esta información, usted tendrá una buena base para seleccionar las acciones a comprar para su cartera.

Se trata de una técnica de negociación, no de inversión, porque las mejores de una semana o de un mes podrían no ser las acciones que usted desea para su cartera de inversión a largo plazo. Con sólo el uso de los principios del filtro de selección de las mejores en 3, 1 mes o 1 semana, permitirá que vaya con más ventaja que muchos otros. Dependiendo de la agresividad de su estilo de trading, se pueden alterar los time frames a su gusto. Es una técnica que he utilizado con resultados sólidos.

Para concluir, recordarle que los traders más exitosos siempre utilizan un sistema. Tienen sus ajustes de entrada, de salida, tamaño de la posición y van a proceder con escalado de entrada/salida. Como ya vimos al principio, usted debe de tener un plan, que es la parte que realmente separa a los profesionales de los jugadores.

SELECCIÓN DE SU BRÓKER PARA EL TRADING

Vamos a revisar los aspectos más importantes en la selección de buen bróker que será su socio en el trading.

¿Qué es importante?

Liquidez

La liquidez en todo momento, especialmente en períodos de volatilidad como hemos ya comentado en apartados anteriores, es tan importante que lo volveremos a mencionar. Su socio en el trading debe de ser capaz de proporcionarle liquidez.

Es importante para todos los instrumentos que se estén negociando, ya se trate de FX o de acciones. Los cruces de FX son líquidos, pero también necesita un bróker que tenga acceso a esa liquidez o, de lo contrario, podría encontrarse en una situación como si fuera una broma de mal gusto cuando tenga un beneficio, pero no pueda retirar.

Ejecución Rápida

Ejecución rápida, de modo que en cuanto haga click obtenga el precio indicado. La liquidez es un factor clave en la velocidad de ejecución.

Fiable

Al igual que con cualquier otro tipo de relación, usted quiere ir con un socio que tenga una buena reputación, sea conocido por ser de confianza y tenga una base financiera sólida. No querrá operar con alguien que está en riesgo de hundirse. Pedir consejo a alguien de confianza es recomendable.

Plataforma Estable

Su plataforma tiene que ser estable. No es óptimo tener una plataforma que a menudo se cuelgue cuando está listo para el trade o que tenga un montón de problemas técnicos.

Cuando se está operando en condiciones normales de mercado y obtiene frecuentemente precios de cotización reajustados, es una señal de alarma.

Acceso a datos y noticias de los mercados

Su plataforma o bróker debe de tener acceso a las noticias o lo que se conoce como la transmisión de noticias de última hora de las diferentes agencias de noticias como Reuters o Bloomberg. También querrá tener acceso al departamento de market making. Si no tuvieran uno, deberían entonces de ser capaces de proporcionar los flujos de datos de mercado, por ejemplo, si en este momento el trader va en largo EURUSD o si parece que hay un movimiento a USDJPY. Esto es importante especialmente en el Forex trading.

Mejor equipo de estrategia en su clase

Ningún equipo de estrategia es perfecto, pero usted quiere uno que sea fiable y en el que pueda confiar que le está aportando un análisis imparcial de mercado. Al igual que con las otras materias, debería de consultar con gente de confianza para obtener sus opiniones sobre lo que pueden recomendarle sobre los equipos de estrategia con los que tratan.

Sistema de gráficos fiable

Hay un dicho que dice que los gráficos son sólo "con fines indicativos", no son el mercado en sí. Sin embargo, desea que los gráficos le proporcionen una buena idea de dónde está el mercado. Otro factor es que, dependiendo del sistema, el gráfico sólo reflejará el bid (precio de venta).

Durante mis años de trabajo en la mesa de negociación, he tenido numerosas conversaciones con clientes después de lo que se llama un "bad fill" (jerga de trading para una operación que fue ejecutada a un precio peor de lo que esperaban). En estas disputas, los clientes están mirando los gráficos y dicen "pero el gráfico dice esto, y esto es lo que yo quiero", pero un punto muy importante es que el gráfico no es más que un indicativo, pero no es el mercado.

Con cualquier bróker con el que esté tratando, usted querrá negociar en donde está el mercado y no los gráficos. El mejor consejo cuando hay una disputa con un dealer profesional o trader institucional, es que se discuta el precio de mercado y se mantenga alejado de lo que dice el gráfico. Si se trata de profesionales, lo primero que van a mencionar es dónde estaba el mercado y no el gráfico, porque los profesionales operan los mercados, no los gráficos.

¿Cómo encontrar a los buenos?

Hablando con gente de confianza que están haciendo trading y, por supuesto, pueden ponerse en contacto conmigo.

CONTENIDO EXTRA

Código para el Forex trading basado en noticias

1. Sólo órdenes - sólo en el mercado - cuando hay movimiento perceptible. Esto me permite evitar los mercados sin tendencia (se pierde dinero, sólo el bróker hace dinero aquí)

2. Tener un stop de entrada en compra o venta 10-20 pips por encima de donde estamos operando, significa que no voy a entrar a menos que haya un verdadero movimiento en el mercado (evito las rupturas falsas con las que el mercado puede a veces confundir). Sí, soy consciente que voy a perder algo del movimiento inicial del mercado, pero esto es compensado por NO haber sido engañado por rupturas falsas.

3. No opero con la misma frecuencia que otros, pero cuando lo hago, hay movimiento. Las pérdidas son ajustadas por el stop loss (antes de la operación)

4. Muy importante establecer el stop loss a máx 12-15 pips. Véase el punto más abajo.

El trading es un **negocio = gestión de capital** no es un simple juego de tener o no la "razón", solo se gana o se pierde dinero.

GUÍA DE ANÁLISIS TÉCNICO EN EL TRADING

Gráfico del time frame

El período de tiempo es el factor más crítico en una decisión de trading. La decisión de comprar o vender <u>siempre</u> comienza con el time frame. Una señal de compra o venta para un day trader es diferente de la de un swing trader y, en la mayoría de los casos, muy diferente de un inversor/operador a largo plazo. Los ejemplos que vamos a utilizar se basan en períodos de tiempo a corto plazo/day trading.

Day trading – Cierre de posiciones dentro de las 24 horas

Swing trading – Las posiciones se mantienen abiertas por unas pocas horas o hasta un máximo de unos días

Para los operadores a corto plazo un gráfico de 1 hora es bueno para conseguir una visión general del mercado y, a continuación, tomar la decisión de cambiar a 30 o 15 minutos. Cuanto más corto sea el tiempo de trading en el horizonte, más corto será su grafico de tiempo.

Para utilizar los ajustes anteriores, se recomienda abrir gráficos de diferentes time frames y dejarlos abiertos en su plataforma de trading. Esto hará que sea más eficiente para operar.

Time frame y su ubicación de compra – Canal de compra/venta

Una vez que el time frame se ha ajustado, es necesario localizar dónde se encuentra en la línea de canal (la línea de canal es el área entre la banda superior e inferior de las bandas de Bollinger). Si está cerca de la parte superior del canal, eso indica que está cerca de un nivel de cambio potencial de tendencia (donde el mercado se vuelve/da marcha atrás) ... como cuando va hacia arriba, pero de repente da un giro hacia abajo. Si está en la parte inferior y el mercado vuelve para arriba, eso es también un nivel de cambio de tendencia.

¿Qué hacer en los cambios de tendencia?

Aquí es donde el trading se hace un poco complicado. El hecho de que estamos en o cerca de un cambio de tendencia, no es garantía de que vaya a retroceder. También podría ser que tuviéramos una ruptura (el mercado va más por debajo/por encima de los conocidos niveles de resistencia o soporte). Un consejo para determinar qué poder hacer en esa situación, es simplemente revisar el gráfico de movimientos pasados de mercado (si ha ido hacia arriba o hacia abajo) en el nivel de precios que está mirando para poder comprobar lo que sucedió en el mercado la última vez que ocurrió lo mismo. Esto es importante porque la "persona" principal aquí es el mercado no usted).

Por ejemplo, si el mercado se ha movido hacia abajo, entonces hay una buena probabilidad de que vaya a hacerlo de nuevo. Sin embargo, NO es una garantía de que vaya a ser así, por lo que también deberá de tener en cuenta los datos fundamentales (informes de noticias, datos económicos), ya que esto podría afectar todo a partir del último resultado.

Si usted todavía no tiene una posición abierta y el mercado está en un nivel potencial de cambio de tendencia, una forma de hacer trading es establecer una orden de compra por encima del nivel del cambio. Entonces si se produce de verdad la ruptura, usted ya estará dentro. La orden de compra es también una parte de la gestión de riesgo, porque sólo habrá dinero sobre la mesa si la orden es ejecutada y se convierte en un trade.

Después de averiguar dónde se encuentra en la línea de canal de compra/venta, entonces querrá prestar atención a lo que el Índice de Fuerza Relativa (el RSI) le está indicando. Es necesario que este índice y su ejecución de la operación coincidan. Así que, si el RSI se encuentra en niveles de sobrecompra y su ubicación está cerca de los niveles de cambio de tendencia en las bandas de Bollinger, entonces es un indicativo de una buena oportunidad de potencial de venta.

Señales ideales de compra

Lo ideal en una señal de compra sería que su RSI esté en tendencia alcista desde o cerca de los niveles 30-40 y verificar una buena oportunidad de cambio hacia arriba. Al mismo tiempo, también desea que el mercado se encuentre cerca de la parte inferior de la línea de canal en las bandas de Bollinger.

Por último, si está usando gráficos con velas, éstas deberán de ser verdes (precios de cierre alcistas). Como se puede observar, necesitamos ver los mismos datos (alcistas) en nuestras herramientas. Si está viendo velas rojas (los precios de cierre bajistas) y señales contradictorias de sobrecompra (compra excesiva) en los niveles RSI, esto le indica que debe "quedarse a un lado" ... no opere hasta que las cosas estén más claras.

Señales ideales de venta

Una señal ideal de venta es simplemente lo contrario de lo anterior. Es decir, el RSI está en tendencia <u>bajista</u> desde los niveles 70-80. Al mismo tiempo, también quiere que el mercado se encuentre cerca de la parte superior de la línea de canal en las bandas de Bollinger. Por último, si usa gráficos de velas, querrá que sean de color rojo (precios de cierre bajistas).

Resumiendo

Lo ideal sería ejecutar una operación cuando las cosas están tan cerca del ideal como sea posible. Cuando se encuentra con zonas grises/indecisas le sugerimos que utilice órdenes de compra o venta. Las órdenes NO son operaciones, así que no hay dinero en riesgo hasta que se ejecutan. Estas órdenes deberán de ser colocadas cerca de los niveles ideales que usted está buscando para operar.

Como hemos subrayado varias veces, tanto si se encuentra en un escenario ideal o no, siempre debe colocar una orden de stop. Desafortunadamente, incluso el mejor trabajo de investigación del mundo no es una garantía de un trade rentable.

Ajustes de las herramientas de análisis técnico

RSI

Un valor por defecto de 14 está bien para la mayoría de FX, CFD, operaciones en capital. Sin embargo, con operaciones más a corto plazo, day trading o swing trading entonces 14 no es óptimo. Sugerimos 7 para el swing trading y hasta un 4 para el day trading.

Bandas de Bollinger

El ajuste por defecto suele funcionar bien para la mayoría de los traders por lo que le sugerimos que mantenga estos ajustes.

Indicadores de tendencia Medias Móviles (Moving Average)

Utilizamos 50, 100, 200. El 50 es la señal de alerta, 100 es el corto plazo y 200 es el largo plazo.

DIPLOMA DE TRADING GCMS

Conceptos básicos de un sistema de trading

-Periodo de tiempo

-Herramienta que identifica una tendencia

-Herramientas que ayudan a confirmar/filtrar la tendencia

-Establecer su tolerancia al riesgo (tamaño de la posición)

-Seleccionar niveles de entrada y salida

-Seguir sus propias reglas

Nota:

Hacer sus deberes <u>no</u> garantiza que su trading sea rentable, pero sí aumentará sus probabilidades.

Si los datos técnicos o fundamentales son poco claros o confusos, usted tiene derecho a no operar.

PERFIL DEL AUTOR

Wayne Walker es el director de una empresa global de formación y consultoría en mercados de capitales (gcmsonline.info). Tiene varios años de experiencia en el liderazgo y entrenamiento de equipos de asesores de inversión y ha dirigido a equipos con el mejor rendimiento en el Private Client Group basado en el Bench Mark Earnings (BME). Wayne Walker ha entrenado a los operadores del programa Citi-FX Pro en Londres. También desarrolló el programa "Trading Rights" de Saxo Bank que los asesores de inversión estaban obligados a completar ántes de que pudieran operar. Es un operador certificado por el Markets In Financial Instrument Directive (MiFID) de la UE y está cualificado para asesorar a clientes tipo "A".

Wayne Walker es invitado con frecuencia en programas de TV y radio internacionales sobre mercados de inversión.

Wayne Walker posee varias certificaciones y ha trabajado en las siguientes posiciones:

Director fundador, (GCMS) Global Capital Market Solution, Dinamarca
Manager, Sales Trading, América del Norte y Oriente Medio, Saxo Bank, Dinamarca
B.sc Universidad Estatal de Nueva York, Facultad de Buffalo, EE.UU.
NASD Series 3 - Licencia para operar y asesorar con contratos de futuros en el mercado estadounidense
ACI (Financial Markets) Dealing Certificate – aprobado con Distinción (el nivel superior), Francia